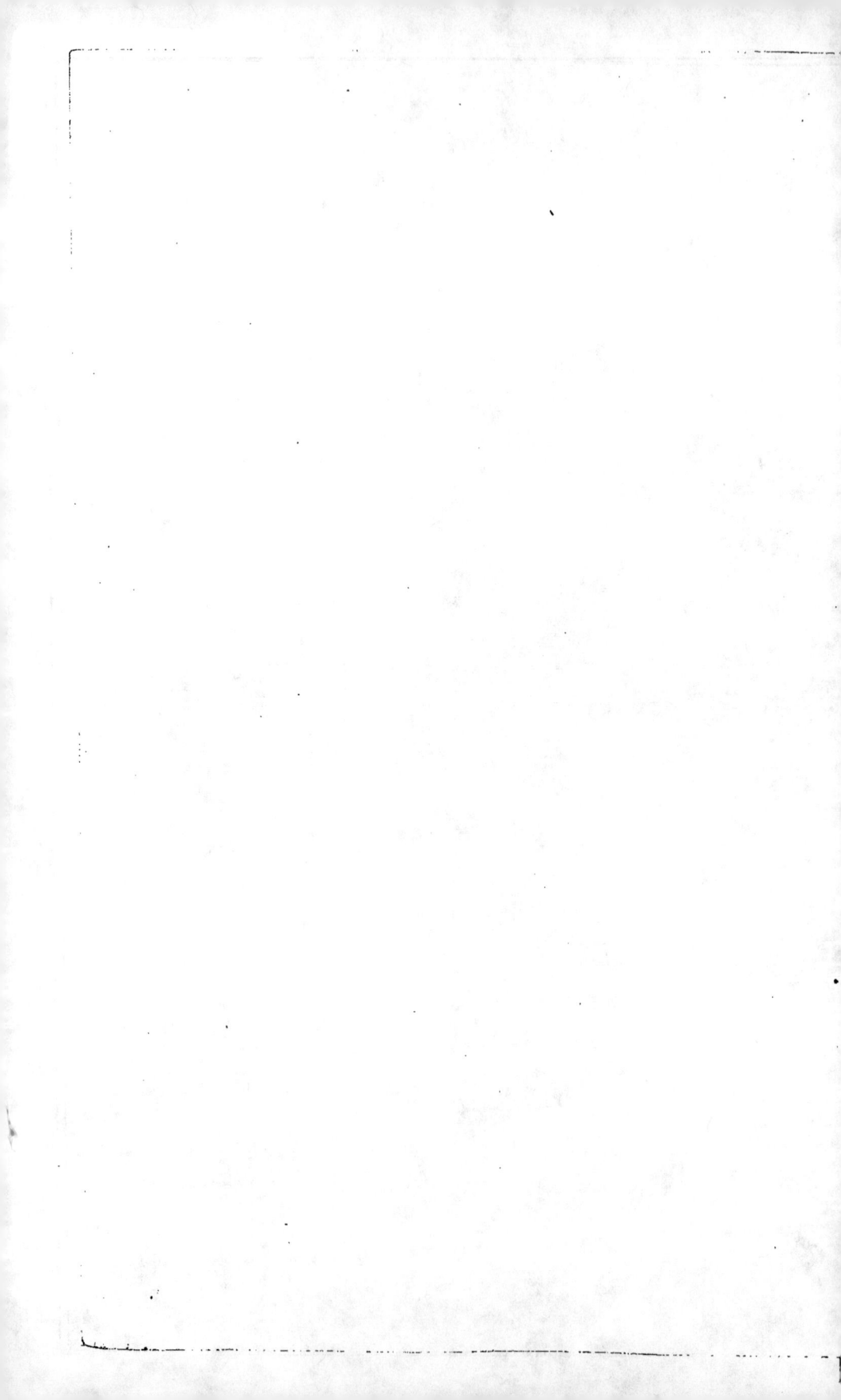

ASSOCIATION FRANÇAISE

POUR

L'AVANCEMENT DES SCIENCES

CONGRÈS DE LILLE

1874

M _____

PARIS

AU SECRÉTARIAT DE L'ASSOCIATION

76, rue de Rennes.

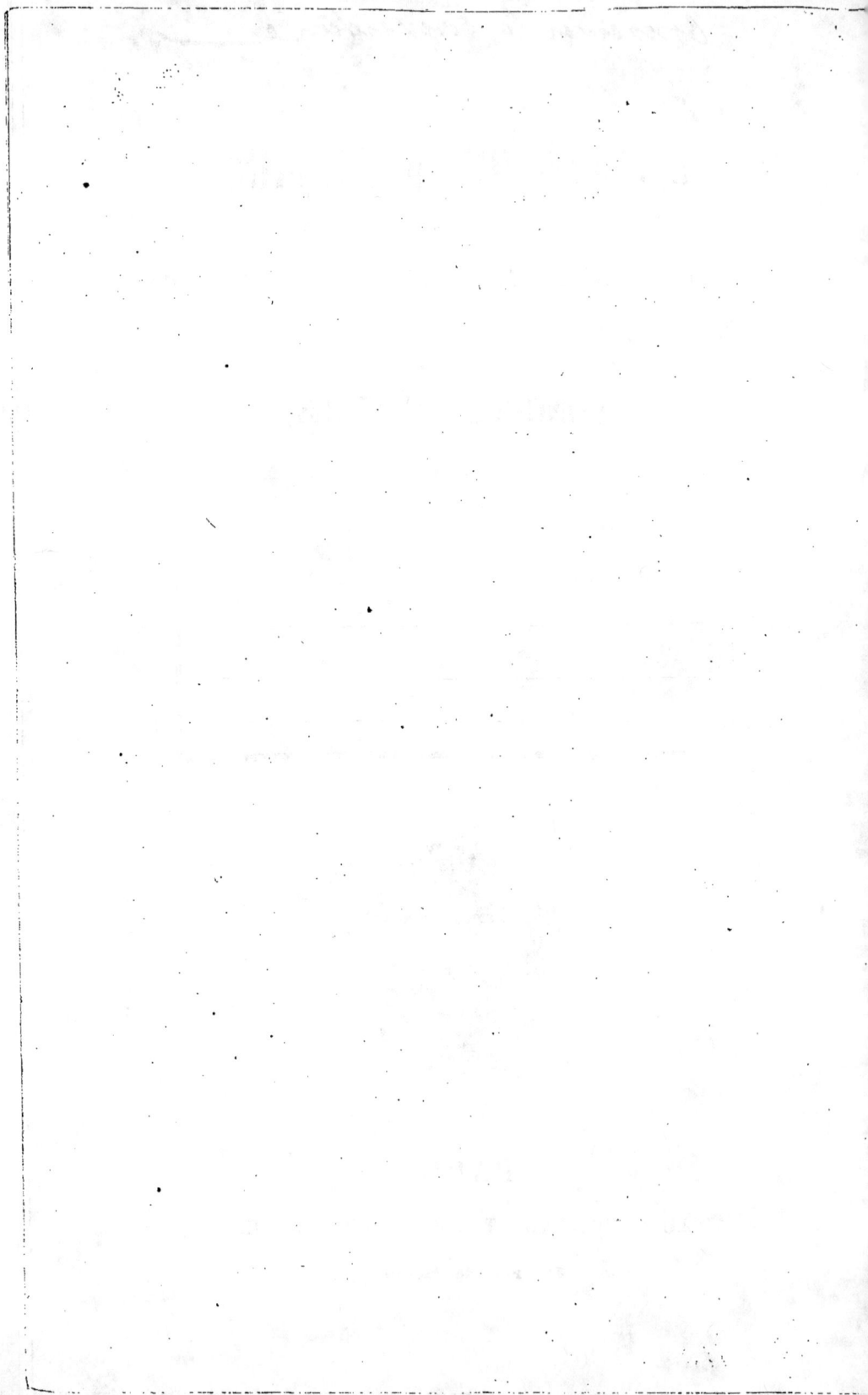

ASSOCIATION FRANÇAISE

POUR L'AVANCEMENT DES SCIENCES

Congrès de Lille — 1874.

M. E. DALLY
Vice-Président de la Société d'anthropologie de Paris.

DE LA CHEVELURE COMME CARACTÉRISTIQUE DES RACES HUMAINES

— *Séance du 22 août 1874.* —

Les tentatives de classification des races humaines fondées sur un seul caractère, n'ont pas donné jusqu'à ce jour de résultats bien satisfaisants. Malgré le développement extraordinaire des études crâniologiques, les crânes eux-mêmes ne sauraient déterminer les groupes naturels des types humains. La couleur de la peau a conservé une importance que la crâniologie n'a point diminuée; en même temps l'étude des proportions des membres a pris place dans les travaux des anthropologistes; je voudrais aujourd'hui appeler l'attention de la section sur les caractères tirés de la chevelure qui a donné lieu à des travaux qui n'ont peut-être pas été suffisamment systématisés.

Bory de Saint-Vincent a le premier, croyons-nous, attaché à ce dernier caractère une importance décisive. Il a, dès 1825, dans son *Essai zoologique sur le genre humain*, divisé ce genre en deux grands groupes, les *Léiotriques* et les *Ulotriques*, c'est-à-dire le groupe des hommes à cheveux lisses et celui des hommes aux cheveux crépus, division sur laquelle nous reviendrons plus loin. Plus tard, Isidore Geoffroy-Saint-Hilaire, dans son mémoire sur la *Classification anthropologique*, a pris pour base fondamentale l'*insertion* des cheveux en attribuant à la seule race hottentote l'insertion *circulaire*, tandis que dans toutes les autres races humaines la ligne d'insertion est *anguleuse*. Mais parmi celles-ci les unes ont les cheveux *lisses*, les autres les ont *crépus*; de là une nouvelle subdivision empruntée, sans commentaire, à Bory, qui comprend, d'une part, les races caucasique, américaine, hyperboréenne, malaise et mongolique (cheveux *lisses*), et d'autre part les Cafres, les

AB

Éthiopiens et les Mélanésiens (cheveux *crépus*). Ces différentes classes sont différenciées entre elles par des caractères de plus en plus spéciaux qui ne se rattachent point à la chevelure.

Cette classification, tout en prenant les cheveux pour point de départ, réduisait à un degré d'extrême simplicité les caractères de la chevelure, beaucoup plus complexes que ne semblerait le comporter la dichotomie d'Isidore Geoffroy. Broca, dans ses *Instructions générales sur l'anthropologie)* (p. 57), Pruner-Bey, dans ses deux mémoires sur les *Caractères microscopiques de la chevelure* (*Mémoires de la Soc. d'anthrop.*, t. II et III), et tout récemment Hœckel, dans son *Histoire de la création des êtres organisés* (trad. Letourneau, 1874, p. 59), et Frédéric Müller, dans son *Ethnographie générale* (Vienne, 1873), ont singulièrement augmenté l'importance que l'on attachait aux caractères taxonomiques tirés de la chevelure. Nous aurons à revenir sur les travaux histologiques donnés par Pruner-Bey. Broca a particulièrement décrit la *nature* des cheveux. Il a précisé dans les termes suivants les recherches auxquelles les voyageurs doivent se livrer :

« La nature des cheveux doit être constatée avec soin. On dira s'ils sont longs ou courts, rares ou abondants, roides ou souples, lisses, ondés, bouclés, frisés ou laineux. Les cheveux lisses n'ont pas besoin d'être définis; les cheveux sont ondés lorsqu'ils décrivent de longues courbes ondulées; bouclés lorsque, au-delà d'une certaine longueur, ils se recourbent en formant des anneaux en général incomplets et assez larges; frisés lorsqu'ils forment dans toute leur longueur des anneaux ordinairement plus petits que les précédents. Les cheveux laineux diffèrent enfin des cheveux frisés par deux caractères; d'une part ils décrivent des anneaux encore plus petits ; d'autre part ils s'enroulent et s'entortillent avec leurs voisins de manière à former de petites touffes crépues dont l'aspect rappelle celui de la laine. Comme les cheveux laineux sont en général assez courts, leurs touffes sont globuleuses et serrées les unes contre les autres. La forme extrême des chevelures laineuses porte le nom de chevelures *à grains de poivre;* elle s'observe chez les Hottentots; les touffes, très-petites comme le nom l'indique, sont plus denses, plus étroitement enroulées que dans les chevelures laineuses ordinaires. Lorsque les cheveux ont une plus grande longueur, les grains de poivre s'allongent en formant des espèces de torsades dures qui ressemblent à de grosses franges. On appelle enfin *chevelures en tête de vadrouille* celles dont les cheveux gros, durs, roides et longs et différant par tous les caractères des cheveux laineux ordinaires, décrivent cependant, dans tout leur trajet, des courbes rapides et très-petites, se mêlent et s'intriquent avec leurs voisins sans former des touffes comme le font les cheveux laineux et constituent, par leur ensemble, une énorme masse globuleuse qui peut avoir plus de 30 centimètres de diamètre. »

Broca signale d'ailleurs les autres caractères importants de la chevelure, la couleur, l'implantation, l'insertion. Il mentionne cette particularité de la race hottentote, d'avoir les cheveux disposés en touffes isolées, en *pinceau de brosse*.

Quant à Hœckel, le rang qu'il a donné à la chevelure mérite une citation spéciale : « La conformation des cheveux, dit-il, doit prendre place immédiatement après le langage au point de vue de l'importance. Ce caractère morphologique, quelque secondaire qu'il soit en apparence, semble être un signe de race rigoureusement transmissible par l'hérédité. Parmi les douze espèces humaines que nous allons bientôt énumérer, il en est quatre, les quatre plus inférieures, qui sont caractérisées par une chevelure laineuse ; chaque cheveu, considéré isolément, est aplati en ruban et a une · section transversale elliptique. Les quatre espèces humaines à cheveux laineux (*Ulotriques*) peuvent se diviser en deux groupes : chez l'un de ces groupes, la chevelure est disposée en touffes (*Lophocomi*) ; chez l'autre, elle est en toison (*Eriocomi*). Chez les Lophocomes comprenant les Papous et les Hottentots, les cheveux sont inégalement distribués en touffes ou petites houppes. Au contraire, chez les Ériocomes, c'est-à-dire chez les Cafres et les Nègres, les cheveux laineux sont également répartis sur toute la surface du cuir chevelu. Les Ulotriques sont prognathes et dolichocéphales. Chez eux la couleur de la peau, des cheveux et celle des yeux sont toujours très-foncées. Tous les hommes de ce groupe habitent l'hémisphère méridional ; ils franchissent l'équateur en Afrique seulement. En général, ils sont inférieurs à la plupart des Lissotriques et se rapprochent beaucoup plus du type simien. Les Ulotriquès ne sont pas susceptibles d'une vraie culture cérébrale, d'un haut développement intellectuel, même dans un milieu social favorable comme on l'observe aujourd'hui aux États-Unis d'Amérique. Nul peuple aux cheveux crépus n'a eu une véritable histoire. »

Quant aux *Lissotriques*, hommes à cheveux lisses, ou du moins non laineux (*Leiotriques* de Bory), Hœckel en compte huit races divisées en deux groupes : le groupe à cheveux droits (L. *Eutycomi*) et le groupe à cheveux bouclés (H. *Euplocomi*). « Au premier groupe, dit-il, appartiennent les Australiens, les Malais, les Mongols, les races arctiques et les américaines. Les hommes à cheveux bouclés, chez qui la barbe est aussi plus touffue que chez les autres espèces, comprennent les Dravidiens, les Nubiens et les Méditerranéens. »

Parmi les Ulotriques, Hœckel signale le Papou, « dont les cheveux laineux croissent en touffes roulées en spirales, ayant souvent plus d'un

pied de long, de sorte qu'ils semblent former une perruque laineuse. »
C'est la *tête de vadrouille* dont il question plus haut. On en rapproche
avec raison la chevelure des Hottentots et des Buschmen qui habitent
les régions montagneuses du Cap. Déjà Pruner-Bey, dans ses *Études
microscopiques sur la chevelure*, avait établi ce rapprochement que de
Quatrefages a également reconnu dans son mémoire sur les Mincopies
(*Revue d'anthropologie*, 1872, p. 55).

Les deux races ulotriques, les Nègres et les Cafres, ont les cheveux
uniformément implantés. Ils ne forment point de touffes isolées, de façon
que le fait singulier de l'isolement des Hottentots d'Afrique n'est pas
moins remarquable au point de vue de la chevelure qu'au point de vue
des autres caractères ethniques. Mais il s'en faut que la chevelure du
Papou (Lophocomi) soit répandue dans toute l'Océanie, ni même dans
toute la Mélanésie. Bernard Davis a décrit, dans une note communiquée
à l'*Institut anthropologique* de Londres (avril 1872), plus de cinquante
spécimens de cheveux océaniens qu'il a présentés à la Société. On trouve
là les cheveux longs et ondulés des Philippiens, à côté des cheveux
crépus des Négritos et des cheveux en tire-bouchons des Tasmaniens.

Dans toute la Polynésie, les cheveux sont longs et ondulés, et nous
donnerons plus loin la théorie que l'on expose de ce caractère.

Hœckel est donc logique lorsqu'il compose ses Lissotriches de races
océaniennes mêlées à des races asiatiques et européennes; mais ici se
montre l'insuffisance des classifications tirées d'un seul caractère naturel.
Il est évident qu'il n'y a qu'un intérêt fort minime à mettre côte à côte,
dans *Lissotriches euthycomi*, les Américains, les Malais, les Australiens
et les Mongols, qui diffèrent entre eux par tant d'autres caractères.
Avoir les cheveux lisses et droits (et l'on pourrait ajouter noirs) est une
caractéristique bien effacée alors que la forme du crâne, la couleur de la
peau, la taille, les proportions des membres, etc., diffèrent profondément.

Le groupe des *lissotriches euplocomi* est encore plus extravagant. Là
sont réunis en raison de leur chevelure lisse et bouclée, les Dravidiens
du Deckan, les Nubiens et les Méditerranéens, c'est-à-dire les peuples
qui habitent l'Europe, beaucoup moins autour de la Méditerranée qu'autour de la Baltique, de la mer du Nord et de l'Atlantique.

On voit par cette analyse de la tentative de Hœckel, que l'idée pri-
mitive de Bory, reprise par Isidore Geoffroy, a reçu un développement
hors de proportion avec sa valeur réelle. Il est d'ailleurs évident que
toute classification qui ne repose pas sur l'ensemble des caractères n'a
d'autre importance que celle qui résulte d'une étude plus complète du
caractère auquel on veut subordonner tous les autres. Quant à F. Müller,

il a adopté sans réserve toutes les divisions de Hœckel, subordonnant ainsi aux cheveux les caractères linguistiques qu'il a si bien étudiés, ce qui le conduit à mettre dans la race méditerranéenne trois systèmes de langues irréductibles, le basque, le sémite et l'indo-européen, et dans la race mongolique, les langues agglutinatives ouro-altaïques à côté des langues monosyllabiques, chinoise et thibétaine. Pour Frédéric Müller, l'explication d'une telle confusion est que les genres de l'*homo primigenius* s'étaient formés avant l'invention du langage articulé.

Nous avons assez parlé de la forme des cheveux. D'autres caractères jouent en anthropologie un rôle important : les corrélations organiques des cheveux avec les dents, les yeux ou le teint, la longueur, la coiffure naturelle ou artificielle, etc. Mais c'est surtout la couleur qui a servi aux ethnographes pour décrire les races contemporaines, et aux historiens pour déterminer la part qu'elles ont prise dans la constitution des races européennes blondes ou brunes. Broca et Simonot avaient dressé en 1864 un tableau chromatique de la coloration des cheveux, qui reposait sur l'examen de plusieurs centaines d'échantillons ; après l'élimination des doubles le tableau renfermait plus de soixante nuances formant un cercle complet, passant du noir au blanc par le brun et le gris, et revenant du blanc au noir par le brun et le rouge (*Bulletins de la Société d'anthr.*, 1864, p. 138), mais dans le tableau chromatique annexé aux instructions anthropologiques, l'éminent anthropologiste n'a conservé que trente-trois nuances numérotées qui servent pour la peau et pour les cheveux. L'expérience a prouvé que ces nuances étaient insuffisantes.

Si distinctes toutefois que soient ces nuances, il faut reconnaître que l'homme a en général une chevelure brune ou noire. La couleur claire est exclusivement propre à quelques groupes des populations européennes, parmi lesquels il convient de citer les Scandinaves, les Pélasges, quelques tribus germaniques. Cependant dans presque toutes les races humaines, on a cité des exceptions plutôt individuelles que collectives. C'est ainsi que l'on a souvent cité les Mandans de l'Amérique du Nord comme blonds, mais il semble probable que cette indication a plutôt été relative à quelques familles albinos qu'à tout une tribu. Les Kabyles de l'Auress offrent cependant, au rapport de Faidherbe, une proportion de blonds ou de châtains d'environ dix pour cent. Le même observateur dit que chez les Ouled-Jacoub, fraction des Amaras et chez les Denhadja, cette proportion est dépassée. Il est vrai que dans l'opinion de Faidherbe ces Kabyles seraient originaires de l'Europe (*Bull. de la Soc. d'anthr.*, 1870).

« La couleur noire des cheveux, dit Pruner-Bey, est celle que l'on rencontre sur presque tous les points du globe soit sous l'équateur, soit

AB*

vers les pôles, soit dans les climats tempérés. Elle est l'apanage de
l'Esquimau tout autant que du nègre, de l'Hindou brahmanique comme
du Malais, et les nations européennes en offrent de nombreux exemples.
Il n'en est pas ainsi de l'autre extrême de l'échelle chromatique, c'est-
à-dire de la chevelure claire avec ses nuances presque imperceptibles
du jaune de lin sérancé, du jaune de paille, du jaune doré auxquels se
joignent le roux, le rouge de feu, etc. De cette dernière nuance, on
peut établir une transition au brun rougeâtre et de là au brun clair, au
brun foncé ou châtain, etc. Parmi ces innombrables nuances, le blond
clair est réparti en masse sur peu de races : celles-ci appartiennent en
grande partie à l'Europe et notamment aux rameaux germaniques, slaves
et celtiques de la souche aryenne et au rameau finnois des Touraniens,
on en trouve quelques exemples dans le Caucase, chez les Arméniens
qui sont en partie d'origine aryenne, chez les Sémites de la Syrie et
peut-être en Afrique chez les Berbères de l'Atlas. La chevelure rouge
au contraire me paraît être représentée au moins par quelques individus
chez presque toutes les races connues, soit équatoriales, soit boréales. »
(Mémoires de la Soc. d'anthr., t. II, p. 4). C'est ce dernier fait qui a
donné naissance à l'opinion que l'homme primitif était roux.

Ce qui est certain, c'est que bien des exemples de chevelure blonde ont
été signalés en Asie et en Afrique, mais nulle part ils n'y ont été assez
nombreux pour que l'on ne puisse rattacher leur présence à des émigra-
tions européennes. Madame C. Royer s'est servie de ce fait pour soutenir
que la race blonde est autochthone d'Europe et que les conquérants
aryens n'étaient pas blonds. « Il faut tenir compte de ce fait frappant,
dit-elle, que la grande majorité de nos enfants naissent blonds, que
leurs cheveux et leurs yeux brunissent avec l'âge, et que c'est seulement
chez les adultes que, même parmi les groupes de populations brunes, le
brun se montre en majorité. Il est impossible de ne pas voir dans cette
évolution un développement embryonnaire nous représentant les diverses
phases généalogiques de nos races européennes reproduites successivement dans la vie des individus et en vertu des lois de l'hérédité et de
l'atavisme. Si nos enfants, avant de devenir bruns, passent en général par
toutes les nuances du blond, c'est que les premières populations indi-
gènes de l'Europe étaient blondes et que l'élément brun n'est venu s'y
mélanger que plus tard. Et ce n'est pas seulement en France que l'on
constate cette évolution du blond au brun. » (Bull. de la Soc. anthr.,
1873, p. 246). Broca, à cette occasion, a dit que pour lui la patrie origi-
nelle sinon de toutes les races blondes, ce qui lui paraît encore douteux,
du moins de la plupart d'entre elles, était l'Europe. Mais il ne s'ensuit
pas que toutes les races préhistoriques de l'Europe fussent blondes, et

selon l'éminent professeur il y avait parmi les races primitives au moins
une blonde et une brune. « Pour ce qui concerne la France, ajoute
Broca, nous y trouvons partout des bruns et des blonds ; mais les pre-
miers prédominent dans le sud et dans le centre, les derniers dans le
nord et dans l'est. Cette disposition nous donne donc l'idée d'une ou de
plusieurs races brunes au milieu desquelles une ou plusieurs races
blondes ont pénétré par le nord-est ; nous savons qu'il en a été ainsi
dans les temps historiques, à l'époque des invasions germaniques et an-
térieurement à l'époque des invasions kymriques, et j'admets volontiers
que plus anciennement encore d'autres peuples blonds avaient suivi la
même voie. » (*Ibid.*, p. 248.)

Cette race blonde, — l'accord est maintenant établi sur ce point, —
était grande. La race brune était petite. A la première la grande majorité
des érudits contemporains rattache le nom de race kymrique, à la
seconde le nom de race celtique. Il ne peut être ici question des Celtes
de la linguistique auxquels on a attribué successivement des caractères
ethniques fort divers, mais seulement des Celtes tels que les décrit et
les cantonne J. César. Ajoutons que des recherches de Magitot, il résulte
que la taille, la couleur blonde et la plus grande fréquence de la carie
dentaire marchent parallèlement. (*Bull. de la Soc. d'anthr.*, 1867, p. 85.)

La question de la répartition actuelle des blonds de l'Europe a donné
lieu à de nombreux travaux parmi lesquels il faut citer ceux de Beddoe
(de Bristol), qui ont été repris et confirmés par un grand nombre d'ob-
servateurs, notamment par Vogt, Charnock, madame Royer, d'Omalius
d'Halloy, de Quatrefages, etc. La conséquence en est que la prédominance des cheveux bruns sur les blonds va toujours croissant et que,
dans un temps donné, il se pourrait bien que la chevelure blonde ne se
présentât plus que comme une réminiscence atavique d'une époque où
les nombreuses races du genre humain n'avaient pas encore acquis l'u-
niformité qu'elles tendent à revêtir, au grand détriment du pittoresque
et de l'intérêt que peut offrir notre terre (voy. *Bull. de la Soc. d'anthr.*
1861, p. 562 ; 1864, p. 855 ; 1873, p. 257).

Dans un curieux travail sur la *Prédominance croissante de la chevelure
foncée en Angleterre* (*Anthropological Review*, 1864), J. Beddoe, médecin
de l'hôpital de Bristol, après avoir exprimé l'opinion que les constitu-
tions blondes lui paraissent moins capables que les brunes de supporter
les conditions anti-hygiéniques des grandes villes, ajoute que les femmes
aux cheveux foncés ont bien plus de chance de se marier que les
blondes. En effet, sur 737 femmes examinées à ce point de vue, il se
trouvait 33 rousses, 95 blondes, 240 châtain clair, 336 châtain foncé, et
33 aux cheveux noirs. Or, parmi les blondes, il ne s'en trouvait de ma-

riées que 55 pour cent, tandis que parmi les noires on en comptait 79 pour cent; les châtain clair, 60 pour cent; châtain foncé, 69 pour cent. Parmi les *non mariées*, la proportion est inverse. Sur 100 blondes, 37 sont filles, tandis que sur 100 femmes aux cheveux noirs on ne trouve que 18 filles.

Il semble donc qu'en Angleterre, plus les cheveux d'une femme sont de couleur foncée, plus elle a de chances pour se marier et pour favoriser, en conséquence, l'envahissement du brun dans la chevelure humaine.

Le même auteur, dans son substantiel mémoire sur les *Celtes de l'Irlande* (*Journal of Anthropology*, 1870, p. 117), a établi ce qu'il appelle *l'indice de nigrescence* pour les populations irlandaises, c'est-à-dire la proportion de bruns par rapport aux blonds dans chaque comté, et ce travail tend à prouver que le brun foncé prédomine largement en Irlande partout où la race indigène n'a pas été profondément modifiée par l'immigration anglaise, et notamment dans les rangs inférieurs de la société. Les conclusions de Beddoe sur le type celtique, en partie fondées sur la répartition actuelle de la coloration des cheveux, constituent un des documents les plus importants sur un problème extrêmement obscur. On en trouvera un excellent résumé dans la *Revue d'Anthropologie*, t. I, p. 125.

Nous ne connaissons de travail analogue que celui qui a été fait par le docteur Argiliès : sur 47 Basques vivants, des environs de Saint-Jean-de-Luz, qui n'ont pas offert un seul individu aux cheveux blonds, deux d'entre eux les avaient d'un brun rougeâtre ; les 45 autres les avaient châtain foncé ou tout à fait noirs (*Bull. Soc. d'anthr.*, 1868, p. 14).

Il serait, d'ailleurs, fort intéressant de rechercher avec précision s'il existe quelque rapport entre la couleur des cheveux, la fécondité, les maladies, la menstruation, etc. Nous n'avons sur ces points que des observations vagues, mais point de statistique. C'est ainsi que Marc d'Espine et Brierre de Boismont ont cru reconnaître que les femmes ayant des cheveux blonds ou de couleur châtain étaient menstruées un peu plus tard que les femmes ayant les cheveux noirs, mais ces deux auteurs ont également trouvé que les femmes aux cheveux châtain foncé étaient réglées encore plus tardivement (cités par Lagneau. *Bull. Soc. anthr.*, 1865, p. 735). Il nous reste cependant des statistiques, celles de Broca et de Magitot, qui assignent aux blonds : le premier, une plus haute taille; le second, une plus mauvaise denture qu'aux bruns. Certaines qualités intellectuelles, affectives et morales sont aussi, d'après les croyances populaires, en relation avec la couleur de la chevelure, et qu'il s'agisse des blondes, ou qu'il s'agisse des brunes, il semblerait que la psychologie n'est plus du tout la même. Mais on est loin de s'entendre sur la répartition des dons, ce qui autorise à croire qu'en pareille matière le jugement est plutôt influencé par l'expérience personnelle que par l'observation froide et désintéressée.

Toutefois, comme les amateurs de chevaux rattachent avec une certaine constance certaines qualités à la couleur de la robe et aux marques dont elle peut être parsemée, il se pourrait qu'une observation rigoureuse nous montrât chez les hommes des conditions du même ordre. A tort ou à raison, les hommes roux passent pour violents.

Darwin a signalé chez les animaux quelques corrélations d'un autre ordre : les chats blancs aux yeux bleus sont invariablement sourds : les moutons et les porcs blancs seraient affectés par les poisons végétaux d'une autre manière que les individus autrement colorés ; les chiens *nus*, c'est-à-dire glabres, de race chinoise et turque, offrent constamment des anomalies dentaires, qui, selon Magitot, « échappent à toute loi fixe, puisqu'il y a tantôt corrélation de variabilité, tantôt compensation ou balancement. » (Darwin, *Origine des espèces*, pages 20 et 178 ; trad. Royer; et Magitot, *Les hommes velus*, *Gazette médicale*, 15 nov. 1873).

En résumé, la chevelure humaine, qu'on la considère au point de vue de la classification anatomique des races, ou au point de vue de leur origine ou de leur mélange, offre une importance qui ne paraît pas avoir diminué la détermination de plus en plus précise des caractères d'un ordre d'apparence plus élevé. Il est certain que la détermination des groupes humains par la seule chevelure, en dépit de l'habitat, de la langue, de la forme du crâne, des proportions des membres, et même de la couleur de la peau, n'est rigoureuse ni naturelle, ni d'une saine méthode. Cependant, il faut reconnaître que jusqu'à présent cette critique peut s'appliquer à tous les points partiels de vue des séries anthropologiques spéciales. D'un autre côté, à part la chevelure en touffe, nous pouvons trouver parmi nous des spécimens de toutes les chevelures humaines, à titre d'exceptions, il est vrai, pour quelques types, tels que ceux de la chevelure dite laineuse, et du gros cheveu cylindrique de l'Américain. Mais la même remarque peut se faire des caractères craniologiques qui ne parviennent à s'établir, pour une région donnée, que par des moyennes ; la brachycéphalie, la dolichocéphalie, le prognathisme et les divers degrés d'angles faciaux et crâniens se rencontrent partout. Les proportions moyennes seules varient dans des limites, il est vrai, fort étendues. Il faut enfin ajouter ici quelcs diverses formes de la chevelure se transmettent par l'hérédité avec une persistance comparable à celle de la coloration cutanée dans les croisements de races très-distinctes.

LILLE. — IMPRIMERIE DANEL.

13

ASSOCIATION FRANÇAISE

POUR L'AVANCEMENT DES SCIENCES

EXTRAIT DES STATUTS ET RÈGLEMENT

Votés par l'Assemblée générale du 27 août 1874.

STATUTS.

ART. 4. — L'Association se compose de membres fondateurs et de membres ordinaires ; les uns et les autres sont admis, sur leur demande, par le Conseil.

ART. 5. — Sont membres fondateurs les personnes qui auront souscrit à une époque quelconque une ou plusieurs parts du capital social : ces parts sont de 500 francs.

ART. 7. — Tous les membres jouissent des mêmes droits. Toutefois les noms des membres fondateurs figurent perpétuellement en tête des listes alphabétiques, et les membres reçoivent gratuitement pendant toute leur vie autant d'exemplaires des publications de l'Association qu'ils ont souscrit de parts du capital social.

RÈGLEMENT.

ART. 1er. — Le taux de la cotisation annuelle des membres non fondateurs est fixé à 20 francs.

ART. 2. — Tout membre a le droit de racheter ses cotisations à venir en versant une fois pour toutes la somme de 200 francs. Il devient ainsi membre à vie.

La liste alphabétique des membres à vie est publiée en tête de chaque volume, immédiatement après la liste des membres fondateurs.

Les souscriptions sont reçues :

Au SECRÉTARIAT, 76, rue de Rennes;

Chez M. MASSON, *trésorier*, 17, place de l'École-de-Médecine.

Les souscriptions des membres fondateurs peuvent être versées en une seule fois, ou en deux versements de chacun 250 francs.

www.ingramcontent.com/pod-product-compliance
Lightning Source LLC
Chambersburg PA
CBHW060723280326
41933CB00013B/2543